QUELQUES MOTS

DE

LA CONTEMPORAINE,

SUR M. LE VICOMTE

DE CHATEAUBRIAND.

PRIX : 1 FR. 25 CENTIMES.

PARIS.

CHEZ MOUTARDIER, LIBRAIRE,

RUE GÎT-LE-CŒUR, N°. 4.

Décembre 1831.

MOT

DE LA MONARCHIE ÉLECTIVE,

DE M. DE CHATEAUBRIAND.

PARIS. — IMPRIMERIE ET FONDERIE DE FAIN,

RUE RACINE, N°. 4, PLACE DE L'ODÉON.

PORTRAIT
DE NAPOLÉON
ET DES LIBÉRAUX,
PAR M. DE CHATEAUBRIAND.

MOT
D'UN MILITAIRE
ET DE
DEUX HOMMES DU PEUPLE,

SUR LA BROCHURE

DE LA MONARCHIE ÉLECTIVE DU MÊME ÉCRIVAIN.

PUBLIE PAR

LA CONTEMPORAINE.

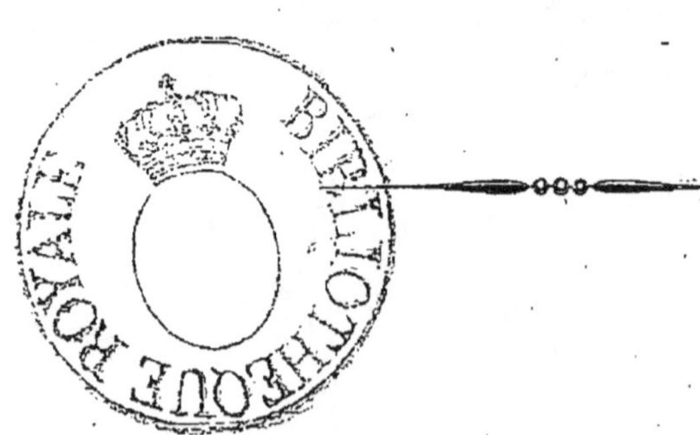

PARIS,

CHEZ MOUTARDIER, LIBRAIRE

RUE GÎT-LE-CŒUR, N°. 4.

Décembre 1831.

NOTE HISTORIQUE

M. DE CHATEAUBRIAND.

QUELQUES années avant nos désastres, l'empereur, lisant quelques morceaux de cet écrivain, demanda comment il se faisait qu'il ne fût pas de l'Institut. Ces paroles furent aussitôt une recommandation toute-puissante. M. de Châteaubriand s'empressa d'en solliciter le prix, et fut nommé à la presque unanimité. C'était un usage de rigueur à l'Institut, que le récipiendaire fît

l'éloge de son prédécesseur. M. de Châteaubriand assuré que, pour peu qu'on eût déjà
occupé l'attention publique, le moyen le
plus sûr de devenir tout-à-fait célèbre était
de sortir de la route battue, et de prendre
au rebours des autres, consacra une partie
de son discours à flétrir les principes poli-
tiques de Chénier son devancier, et à pro-
scrire sa mémoire comme celle d'un *régicide*.
Ce fut un vrai plaidoyer politique, où il
discutait la *restauration de la monarchie*,
le jugement et la mort de Louis XVI. Ce
fut alors grande rumeur et scandale dans
l'Institut; la querelle se répandit dans Paris;
elle remplit et divisa tous les cercles de la
capitale. L'empereur, à qui tout parvenait et
qui voulait tout connaître, se fit apporter
le discours de M. de Châteaubriand; il le
trouva de la dernière extravagance et en
prononça sur-le-champ l'interdiction. C'est

au sujet de ce discours, que l'empereur dit
à un haut personnage : « Si M. de Château-
» briand a de l'insanité ou de la malveil-
» lance, il y a pour cela des petites-maisons
» ou des châtimens. »

PORTRAIT

DE NAPOLÉON,

PAR

M. DE CHATEAUBRIAND.

« Bonaparte est un *faux* grand homme ; la nature le forma sans entrailles. Sa tête est l'empire des ténèbres et de la confusion ; il veut paraître original et n'est jamais qu'imitateur : il essaie toujours de dire ce qu'il croit un grand mot, et de faire ce qu'il présume être une grande chose. Né pour détruire, il porte le mal dans son sein tout naturellement. Il a horreur du bonheur des hommes. Son grand plaisir était de déshonorer la vertu. Enfant de la révolution, il a des ressemblances frappantes avec sa mère. Intempérance de langage, goût de la basse littérature, passion d'écrire dans les journaux. Sous le masque d'Alexandre et de César, on aperçoit l'*homme de peu*, *l'enfant de petite famille*. Nos enfans étaient placés dans des écoles où on leur apprenait, au son du tambour [1], l'irréligion, la débauche, le mépris des vertus domestiques. L'autorité paternelle, respectée par les plus affreux tyrans de l'antiquité, était traitée par Bonaparte, d'abus, de préjugé : il voulait faire de nos fils des mamelucks. Sans Dieu, sans famille, sans patrie, il semble que cet ennemi de tout s'attachait à détruire la France par ses fondemens. Il a plus corrompu les hommes, plus fait de mal au genre humain, dans le court espace de dix années, que tous les tyrans de Rome ensemble, depuis Néron jusqu'au dernier persécuteur des Chrétiens. S'il naissait en France quelque branche d'industrie, il s'en emparait, et elle séchait dans ses mains. Il avait, par des

---

[1] M. le vicomte y préfère la cloche des frères ignorantins.

combinaisons absurdes, ou plutôt par une igno-
rance et un dégoût décidé de la marine , achevé
de perdre nos colonies et d'anéantir nos flottes.
La France entière était au pillage. Lorsque
Bonaparte fit distribuer des alimens aux pauvres dans l'hiver de 1811 , on crut qu'il tirait
cette générosité de son épargne ; pas du tout,
il leva à cette occasion des centimes addi-
tionnels , et gagna quatre millions sur la soupe
des pauvres [1]. La plume d'un Français se refu-
serait à retracer l'horreur de ses champs de
bataille. Un homme blessé devient pour Bonaparte un fardeau ; des monceaux de soldats
mutilés, jetés pêle-mêle dans un coin, restent
quelquefois des jours et des semaines sans être
pansés : nulle précaution prise pour eux par
le *bourreau des Français* ; point de pharma-
cie, point d'ambulances, quelquefois même
pas d'instrumens pour couper les membres
fracassés. Absurde en administration, cri-
minel en politique, qu'avait-il donc cet
étranger ?....... Sa gloire militaire [2] !...... Eh

[1] Quelle pauvreté, M. le vicomte, pour une plume
comme la vôtre !

[2] Bagatelle sans doute, mais qui plaît en France.

bien, il en est dépouillé. C'est, en effet, un grand gagneur de batailles ; mais, hors de là, le moindre général est plus habile que lui : il n'entend rien aux retraites , à la chicane du terrain ; il est impatient, incapable d'attendre un résultat, suite d'une longue combinaison militaire ; il ne sait qu'aller en avant ; faire des pointes, courir, remporter des victoires, comme on l'a dit, à coups d'hommes ; sacrifier tout pour un succès, sans s'embarrasser d'un revers ; tuer la moitié de ses soldats par des marches au-dessus des forces humaines : peu importe, n'a-t-il pas la conscription, la matière première ? C'est ainsi qu'il tendait à nous replonger dans la barbarie : par la conscription [1], les métiers, les arts et les lettres sont inévitablement détruits. Un homme qui sait qu'il doit *mourir à vingt ans* ne peut se livrer à aucune étude. Accoutumés dès l'enfance à se regarder comme des

---

[1] La conscription ! Et qu'était-ce donc ce projet d'une levée annuelle de quarante mille hommes que M. de Châteaubriand, ministre sous Louis XVIII, présenta à la signature royale, et qui , sans avoir le titre *odieux* de conscription, mettait les hommes en coupe réglée comme les arbres des forêts.

victimes dévouées, les enfans n'obéissent plus à leurs parens, ils deviennent paresseux, débauchés, en attendant le jour où ils iront *piller et égorger le monde.* De leur côté, les pères et mères n'attachaient plus leurs affections à des enfans qu'ils se préparaient à perdre. »

Après cette énumération d'*incapacité*, dont M. de Châteaubriand accuse Napoléon dans ce portrait, il l'apostrophe dans les termes suivans : « Nous l'as-tu donnée la monarchie assise sur des bases de l'égalité des droits, de la morale, de la liberté civile, de la tolérance politique et religieuse ? Nous l'as-tu donnée cette monarchie ? Qu'as-tu fait pour nous ? Que devons-nous à ton règne ? Qui est-ce qui a assassiné le duc d'Enghien, banni Moreau, torturé Pichegru, chargé de chaînes [1] le souverain pon-

―――――――

[1] Chaînes qui ressemblent aux cheveux blancs par lesquels ce *monstre de Bonaparte* avait, selon le noble narrateur, traîné *le père des fidèles*, mensonge calomnieux qui fut relevé par le pape lui-même, qui dit à M. de Châteaubriand : « Qu'il n'avait été *ni frappé, ni traîné par les cheveux par*

tife, enlevé les princes d'Espagne, commencé une guerre impie? C'est *toi!* Qui a perdu nos colonies, anéanti notre commerce, ouvert l'Amérique aux Anglais, corrompu nos mœurs, enlevé les enfans aux pères, désolé les familles, ravagé le monde, brûlé plus de mille lieues de pays, inspiré plus d'horreur du nom français à toute la terre? C'est toi! Qui est-ce qui a exposé la France à la peste, à l'invasion, au démembrement, à la conquête? C'est encore toi! »

Napoléon, et plaisanta l'auteur d'avoir eu recours à la figure romanesque des *cheveux blancs*, tandis que le pape à cette époque les avait tous noirs encore.....

Ce portrait fut écrit après la chute de Napoléon, insultant, par conséquent, *noblement* un ennemi à terre. Aujourd'hui, je lis dans la brochure de la monarchie élective du même écrivain : « Ce que l'antiquité conférait au duc de Bordeaux, le duc de Reichstadt le puisait dans l'*illustration paternelle.*» Or, je demande et suis fort embarrassée de savoir quelle illustration peut venir *d'un homme de peu, d'un enfant de petite famille, d'un homme ayant horreur du bonheur des hommes, d'un homme qui n'avait pas de plus grand plaisir que de déshonorer-la vertu, d'un homme à passions basses, comme d'écrire dans les journaux* [1], *d'un homme ayant fait plus de mal dans dix ans que tous les tyrans de Rome ensemble.* Je ne vois pas, après avoir osé tracer ce portrait, comment M. de Châteaubriand a le courage de prononcer le nom de Napoléon ? Il a perdu à jamais le droit de

----

[1] *Mercure, Débats* et *Constitutionnel,* répondez ! Et aujourd'hui, *Tribune* et *Révolution,* faites écho ! *Passions basses d'écrire dans les journaux !* Et M. le vicomte qui en a la rage, on peut dire..... quand il n'est pas ministre, bien entendu.

louer le grand homme; c'est insulter à ses mânes; l'éloge de Napoléon par M. de Château-briand, c'est cracher contre la colonne de la Place Vendôme !

Je ne suis pas de ceux qui se laissent pren-dre au libéralisme productif du prôneur des droits de la race légitime, ni de ceux qui croient au patriotisme du noble vicomte, qui ne prouva jamais ce patriotisme qu'en ai-dant à nous amener l'étranger, ou en se bat-tant contre le drapeau tricolore, et qui n'est à mes yeux qu'une garde avancée, un éclai-reur peut-être des verdets qui protègent son roi mineur. J'ai là devant mes yeux M. de Châteaubriand, depuis 1787 jusqu'au 6 *décem-bre* 1815, et je ne vois rien qui dût faire au noble vicomte des partisans dans les rangs des hommes de juillet, et les faire complices de « *cette souplesse de doctrines, de cette flexi-* » *bilité d'opinions, cette abnégation de principes* » *qui admet des vérités de circonstances, et con-* » *sacre des erreurs intéressées.* » Dans ce conflit étrange d'adulation et de fausseté politique, qui fait demander la réhabilitation de la victime par les mêmes plumes qui encensent un des pairs signataires de la mort de Ney ; moi _ femme, je trouve dans ce terrible souvenir, et dans mon pur amour pour la France, le courage d'appeler cette adulation anti-nationale, et je prie M. Barthélemy de me dire quel est donc parmi les *lauriers* que je vais citer, celui qu'il conseille au défenseur du fils du duc de Berry de ressaisir ?

Serait-ce le *laurier* si nationalement conquis à l'armée des princes légitimes, se battant contre les soldats de la république ? Ou bien le *laurier* académique que le noble vicomte voulut cueillir en insultant la tombe du justement célèbre auteur de *Timoléon*, et de l'immortelle épître sur la calomnie ? Ou bien le *laurier* du brûlot lancé en honneur des princes légitimes nous arrivant par la grâce des Cosaques qui souillaient déjà le sol français ? Ou le *laurier* d'avoir proposé le rétablissement des *bancs* des *princes*, ducs, marquis, comtes, *vicomtes*, barons, chevaliers, toutes les *drogues* féodales, enfin jusqu'aux pairs ecclesiastiques ? Ou bien ce *laurier* si *libéral* d'avoir proposé de *fortifier l'aristocratie*, de *punir la faction libé-rale* et de *comprimer les idées philosophiques ?* Ou bien serait-ce le *laurier* tout *légitimiste*, le sanglant *laurier* d'être *signataire de l'assassinat juridique du maréchal Ney*, du héros de la Moskowa, de ce soldat français qui prodigua sa vie dans cent vingt combats, tous soutenus pour la France contre le drapeau que veut nous rendre M. de Châteaubriand ? O Béran-ger ! ô Barthélemy, qu'avez -vous fait? vous avez profané vos nobles inspirations à brûler un poétique encens aux autels de la vieille féodalité incarnée. Vous avez forfait à tous vos riches souvenirs de patriotiques succès ; vous avez aidé à populariser le prôneur de la bannière exécrée des mitrailleurs du peuple, dont vous défendez les droits ; homme libres et citoyens, vous avez flatté l'homme dont « *l'étroit catholicisme de la Bretagne berça la première couche*, *dont la fastueuse royauté de Louis XIV fut la native foi politique*, *et dont le sang coula à Thionville* [1] *pour les cimenter.* » Vous deman-

---

[1] M. de Châteaubriand fut blessé à Thionville dans l'armée des princes contre les républicains.

dez le Panthéon pour le brave immolé, et vous appelez au secours de la France un signataire de sa mort ! Qu'avez-vous fait, chantres-poëtes de notre gloire? Ne pouvant suspecter votre bonne foi j'éprouve une amère douleur de votre fascination, car je vous admirais comme j'aime la gloire. Indépendante jusqu'à l'audace, tout ce qui est sorti de ma plume sous le pâle drapeau de la sanglante légitimité, comme aujourd'hui sous nos belles couleurs, tout atteste assez que je n'adule aucun pouvoir et que je ne m'incline que lorsque j'admire. Je ne dois rien aux ministres ; le budget ne me donne ni pension, ni feu, ni logement. Je ne demanderai jamais rien ; mais je me croirais indigne d'honorer d'illustres mânes dans mes écrits, si je m'associais jamais aux prôneurs du *droit divin et de la bannière sainte.* J'ai horreur de ceux qui osent dire : *nous ne voulons pas conserver mais détruire.* Je les regarde comme d'indignes Français et dignes auxiliaires de ceux qui admettent les droits du fils de Napoléon, pour provoquer le bouleversement qui pourrait faire reconnaître ceux de leur Henri V. — Je ne dois à Philippe Iᵉʳ que le respect dû au chef de l'état.

Mais je conserve un immuable et reconnaissant souvenir au prince français qui éleva une voix généreuse et fit de courageuses démarches pour sauver le maréchal Ney , lorsque M. de Châteaubriand donna sa voix pour aider à le sacrifier. — Si Napoléon fut votre idole si vous honorez sa mémoire , le reconnaissez-vous au portrait sorti de la même plume qui trace aujourd'hui des éloges inutiles et palinodiés? Lisez encore le portrait des libéraux, et dites - moi quelle confiance, quelle estime avoir pour la conscience politique et le brillant bavardage du vieux carlisme de M. de Châteaubriand.

J'aime ce jugement de deux ouvriers, et le mot d'un militaire sur la brochure de la *Monarchie élective*. M. de Châteaubriand dit dans ce pamphlet :

« *Je demandais alors une couronne pour le duc de Bordeaux.* »

Le militaire qui lisait cette phrase, reprit :

— « Bagatelle, une couronne ! et une cou-

ronne de France ! Comme il y va, ce vieux *pè-*
lerin. Eh bien, si monsieur *de Bordeaux* peut
s'en passer aujourd'hui, il ne l'aura pas demain.»
Un des deux ouvriers, qui travaillaient près de
là, prit la brochure et je transcris exactement
leur dialogue à ce sujet. L'un des deux feuilleta
et lut quelques pages; l'autre, lui désignant
cette brochure, dit: « Tu lis ça, toi? c'est de la
vraie *blague* de carliste. Je le connais, moi, ce
vieux aristocrate; nous avons travaillé pour
lui du temps qu'il faisait le libéral dans les
journaux, et qu'il cédait sa maison aux jé-
suites. Il parle du peuple et de la liberté, il
dit qu'il aime l'un et l'autre! Farce que ça!
c'est qu'il a envie d'être *queuque* chose, car il
ne peut souffrir un homme en veste; et de la
liberté, ça ne peut être que celle de la presse
qu'il parle, parce qu'elle lui profite gros.
Quant à la nôtre, ah! ben oui, le *peu* qu'il a
été grand seigneur, ça fait peur comme il était
libéral. Il faisait le dévot; tiens, tu connais bien
Louis qui était à la chapelle, il a vu Châteaubriand
à plat ventre sur le pavé de la chapelle vis-à-
vis la place de la duchesse d'Angoulême, avec
cet allemand maréchal et pair de France,

et qui avait des conversations avec les saints. Le farceur! il a un nom que je n'ai jamais pu prononcer. Sais-tu pourquoi Châteaubriand a écrit le livre que voilà?—Pardi! pour faire connaître qu'il aime Henri V, qu'il voudrait le voir régner, et pour avoir de l'argent.—Tout juste, mais ça fait brossé pour Henri V; notre drapeau plutôt sans pain que des poulardes avec la loque blanche. Laisse-ça de côté, va, ne lis pas ces bêtises; tiens, v'là les chansons de Béranger.—Eh, ben, j'en ai une que Béranger a faite pour Châteaubriand, où il dit qu'il *est une étoile qui manque à notre ciel*, où il parle du bon Dieu comme un converti.—Lui, Béranger?—Oui.—Notre Béranger?—Oui, oui, et cent fois oui.—Tu ne m'embêtes pas mal, toi! si Bérenger parle du bon Dieu à ce henriquiste, c'est pour se... de lui. Châteaubriand une étoile française! Allons donc! il serait tout au plus un fanal pour nous conduire au bivouac des Cosaques, ou bien pour le moment aux réserves des verdets.—Mais, tu te trompes, il parle très-bien de l'empereur, et il dit que si l'étranger venait il irait le combattre...
—Lui?... Châteaubriand? Oh bien! voilà la

France sauvée. Il est bon là! va, il n'a pas appris ce métier-là à la bonne école, il ne s'est jamais battu que contre le drapeau tricolore. —Mais partout il loue le duc de Reichetadt.— Qu'est-ce que tu dis, eh ben, est-ce que tu ne peux dire le fils de Napoléon, le roi de Rome ? Avec ton *Reista!..* C'est un affront s'il loue le fils de l'empereur. Oh! nous n'avons pas oublié ce qu'il a dit du père. Le petit est pour nous de près ou de loin fils de l'empereur et roi de Rome, à la barbe du pape encore. Oh! s'il n'était pas seulement fils d'une Autrichienne.— Comme tu déraisonnes! fils d'une Autrichienne, mais c'est juste son beau côté, d'après le livre, car c'est une noblesse de *César.* — Tu vois donc bien; une noblesse de *César*, c'est-à-dire vieille, aristocratique. N'aie pas peur qu'il dise que la noblesse que le petit tient de l'épée de son père est la meilleure : tiens, tout ce qu'il y a de bon dans ce livre de vrai *chouan*, c'est que nous voyons qu'au moins Philippe ne nous met pas dedans comme on en a fait courir le bruit, et qu'il garde le trône pour lui et non pas pour le *Dieudonné*, qui peut s'en aller au diable.— Si tout ne va pas encore aussi-bien que ça pourrait aller , puisqu'on ne nous trahit pas , me voilà content : que le pain continue à diminuer , que l'ouvrage vienne un peu , et sacr... D. ! gardons ce que nous avons , puisque nous sommes dépêtrés de la serviette blanche , des billets de confession , et qu'on va nous renouveler cette fameuse chambre des pairs qui nous a jugé le brave maréchal Ney. — Tiens ! c'est vrai ; mais Châteaubriand était pair. — *Pardi !* et peut-être qu'il a joliment posé sa signature à la condamnation du premier soldat de la France. — Pas possible? — Quand je te dis, que je crois me le rappeler. —Et je lisais ça ! et je croyais ces perfides cajoleries !..»

Ici la brochure vola déchirée en lambeaux, et l'honnête et brave ouvrier essuyait ses mains comme s'il eût cru y voir paraître le sang produit par le contact du livre de celui qu'il supposait avoir trempé les siennes dans cette sentence inique. J'entendis cet ancien soldat, cet ouvrier si bon Français dire en s'éloignant : « Et je lisais ça ! moi qui aurais bien donné ma vie pour celle de mon brave maréchal ; je lisais ce griffonnage maudit, écrit de la même plume qui signa peut-être sa condamnation. Nom d'un .....! » Et à cette conclusion énergique, appuyée de quelques épithètes à l'unisson contre le célèbre pamphlétaire, il s'éloigna.

En écoutant ces hommes du peuple, appartenant *à cette lie qui fit et qui est la révolution*[1], à cette *faction impie, régicide, anarchique*, à laquelle les monarchiques légitimistes ne disputèrent de tout temps le pouvoir que par amour pour la liberté du ..... bon plaisir ; en écoutant ces hommes du peuple, je me dis avec satisfaction que, malgré l'adresse si souple de l'aristocratie, pour aveugler et entraîner l'opinion à une fusion qui n'est possible que pour l'intrigue, malgré les brillans succès et le triomphe pamphlétaire du parti des carlistes, la popularité de M. de Châteaubriand est fragilement étayée, et pourra bien *glisser* comme autrefois le noble vicomte prétendit si haineusement que M. Decase avait glissé. Je ne sais pas comment

---

[1] Épithètes par lesquelles M. le vicomte désignait le peuple *de cette révolution fils d'une sanglante mère !* Que cela est beau et patriotique.

M. de Châteaubriand stygmatise et marque au front *les comédiens de quinze ans*, ni avec quel dédain il lui appartient de faire justice des *hypocrisies sentimentales*; mais une longue connaissance des événemens, un parfait souvenir du passé, me font un cas de conscience de m'inscrire contre la *haute raison* et le *cœur généreux* que le *Journal de la Révolution de* 1830 accorde au noble vicomte. Parmi tout ce que le passé fournit de preuves du contraire, j'en appelle au présent pour juger par le dernier coup de pinceau du *libéralisme* et de la noble constance des opinions du vicomte. Je termine par le portrait qu'il traça des *libéraux*, et la sentence de Napoléon sur M. de Châteaubriand.

PORTRAIT

DES LIBÉRAUX,

PAR

M. DE CHATEAUBRIAND.

« Qui ne serait inquiet en voyant une armée qui manœuvre si bien , qui mine , attaque, envahit , fait usage de toutes les armes, enrôle les ambitieux et séduit les faibles ; qui se donne les honneurs d'une opinion indépendante en prêchant l'autorité absolue. « *Faction lâche et poltronne,* faction sans talent réel , facile *à écraser* [1], que l'on pourrait faire rentrer en terre d'un seul mot; mais qui , lorsqu'elle aura tout gangrené , *tout corrompu* , lorsqu'*il n'y aura*

[1] Moyen doux.

plus de danger pour elle, lèvera subitement la tête. »

Qui ne dira, en lisant ce portrait, que M. de Châteaubriand, au lieu de peindre les libéraux, a peint, de main de maître, la faction aristocratique, légitimiste, féodale, à laquelle il a toujours appartenu, dont il défendit si chaleureusement les intérêts aux dépens des deniers du peuple lors de l'indemnité des émigrés ; faction à laquelle M. de Châteaubriand appartient plus que jamais en venant, sous le masque d'un vieux libéralisme productif, défendre les droits annulés du fils du duc de Berri, de l'élève d'un duc de Rivière. Du reste, pour terminer ceci, qui n'est pas une réfutation, ni une analyse littéraire (que Dieu me garde d'entreprendre), mais une opinion franche et vraiment patriotique sur M. de Châteaubriand, pour tout justifier au besoin, je termine par cette sentence de Napoléon sur le noble vicomte.

« La révolution l'a mis à pied. Son ambition
» légitime d'ailleurs serait de remonter à che-

» val ; mais pour se mettre ou remettre en
» selle il faut ou du caractère ou du génie, et
» Châteaubriand n'a de l'un et de l'autre que
» ce qu'il faut pour les simuler tous deux, par
» conséquent le voilà condamné à.......... in-
» triguer [1]. »

[1] Que répondre à cela ?

Post-scriptum.

Je reçois à l'instant quelques observations sur ma brochure qui m'y font ajouter ces lignes; on m'engage à ne pas m'exposer à de terribles représailles en attaquant le *géant* de la littérature, l'homme qu'un poëte patriote a nommé une *étoile de notre beau ciel*, et on m'assure que j'y perdrais mon temps et que je ferai grand tort à ce qu'on veut bien m'accorder de *célébrité*. Étrangère à toute crainte et bien que je ne regarde M. de Châteaubriand ni comme *géant*, ni comme *étoile,* c'est le respect pour un beau talent, et le sentiment de mon infériorité sous ce rapport, qui me font un devoir de n'attaquer que l'homme politique et la versatilité d'opinions du noble vicomte; et trop impressionnée encore de véritables grandeurs, les épithètes de *grand homme* et *d'homme illustre* ne m'en imposent jamais que justement appliquées. Je ne crains donc rien en attaquant M. de Châteaubriand et publiant ma brochure qui ne contient ni calomnie, ni mensonge; je sais que toutes vérités ne sont pas bonnes à dire; mais, comme je le dis dans mes derniers volumes, ce n'est pas la faute de ceux qui les disent. La mission que je me suis donnée à moi-même ne s'appuie sur nul brevet imposant, mais tout bonnement sur les modestes diplômes de la librairie, et la vocation de dire la vérité. Cette mission me porte dans ces jours où des plumes de la restauration réhabilitent les sanglantes annales des comités de salut public, où l'on exploite avec une si haineuse injustice le scandale de *l'histoire travestie*, où l'on ne respecte pas même la tombe, où des nobles d'ancienne trempe usent de la glu de l'adulation pour gagner le peuple au joug du drapeau blanc. Cette mission me porte à publier mon opinion franche, hardie, sans entraves de coterie, ni camaraderie aucune, à dire le bien et le mal, à opposer mes longs souvenirs aux variantes d'opinions dans les classes influentes, à montrer la politique des écrivains et des gouvernans, et parfois la conscience des publicistes. Pour ce travail, M. de Châteaubriand doit avoir la préférence, et j'ai trop de matière sur le célèbre écrivain pour ne pas la lui accorder. C'est en présence des bustes *d'une auguste* et *d'une illustre victime* que je vais défendre le seul drapeau que j'aie aimé, qui protège aujourd'hui de nouveau la France contre les amis du drapeau blanc et de la légitimité.

« *Et j'aurai trop de force, ayant assez de cœur.* »

LA CONTEMPORAINE.

FIN.